Hilda Kellermann-Rietl

Neues aus Salzteig

Deko- und Geschenkideen

CHRISTOPHORUS
BRUNNEN-REIHE

SEIT MEHR ALS 30 JAHREN STEHT DER NAME „CHRISTOPHORUS“ FÜR KREATIVES UND KÜNSTLERISCHES GESTALTEN IN FREIZEIT UND BERUF. GENAUSO WIE DIESER BAND DER BRUNNEN-REIHE IST JEDES CHRISTOPHORUS-BUCH MIT VIEL SORGFALT ERARBEITET: DAMIT SIE SPASS UND ERFOLG BEIM GESTALTEN HABEN – UND FREUDE AN SCHÖNEN ERGEBNISSEN.

ISBN 3-419-55864-3

Styling und Fotos: Roland Krieg, Waldkirch
Reinzeichnungen: Uwe Stohrer, Norsingen
Umschlaggestaltung: Network!, München
Produktion: Print Production, Umkirch
Druck: Freiburger Graphische Betriebe, 1996

CHRISTOPHORUS
BÜCHER MIT IDEEN

Inhalt

Salzteig neu entdeckt

Das Modellieren von Figuren und Bildern aus Salz- und Brotteig gehört zu den ältesten Volkskünsten. Im antiken Griechenland galt das Brot als heilig und wurde in Form von Figuren der Göttin Demeter dargebracht. Diese Kunst übernahmen die Römer und verehrten damit ihre Göttin Ceres. In Mexiko sind Teigfiguren eine beliebte Grabbeigabe; die prächtig bemalten Lebensbäume aus diesem Kulturkreis sind weithin berühmt. Noch heute werden auf Kreta mit Blumen verzierte Hochzeitskränze gebacken. Und in Nordspanien werden Brotteigkränze zu Ehren der Mutter Gottes in einer Prozession zur Kirche getragen; die Indios modellieren aus Teig Fruchtbarkeitssymbole als Glücksbringer.

Im 18. Jahrhundert war es in Deutschland sehr beliebt, den Weihnachtsbaum mit allerlei Figuren aus Brotteig zu schmücken. Damit die schöne Pracht für die Mäuse ungenießbar wurde, setzte man dem Teig eine kräftige Dosis Salz zu. Während der Kriegsjahre wurden Mehl und Salz knapp, und die Tradition des Salzteigmodellierens geriet etwas in Vergessenheit. Wegen der Zerbrechlichkeit der Modelle sind leider nur wenige Exemplare aus der Vorkriegszeit erhalten.

Um so schöner, daß in den letzten Jahren der Umgang mit Salzteig wieder entdeckt wurde. Heute ist das Modellieren von Salzteig eine beliebte, kreative Freizeitbeschäftigung, die Erwachsenen und Kindern viel Freude bereitet. Das Material für dieses phantasievolle Gestalten findet sich in jedem Haushalt, und die Vorbereitungen sind minimal.

Es ist nicht nur ein haptisches Vergnügen, mit Salzteig zu arbeiten, die fertigen Modelle bereiten Ihnen viel Freude und Stolz!

Hilda Hellermann-Diehl

Zutaten

- 2 Teile Mehl, Type 405
- 1 Teil Salz (kein jodiertes!)
- 1,5 bis 2 Teile heißes Wasser
- 1 Eßl. Öl

1 Teil = 1 Tasse

Hilfsmittel

- Nudelholz
- Haar- und Borstenpinsel (zum Bemalen und Lackieren)
- Zahnstocher
- Stricknadeln in verschiedenen Stärken (zum Modellieren und Löcherstechen)
- Ausstechformen
- Klarlack

Salzteig-Rezept

Mischen Sie Mehl und Salz, und fügen Sie dann das heiße Wasser und das Öl dazu. Verrühren Sie alle Zutaten mit einem Knethaken. Der Teig sollte glatt und geschmeidig sein und nicht kleben. Soll der Teig eingefärbt werden, muß die Wasserzugabe für den Grundteig knapp bemessen werden.

Das Färben und Bemalen der fertigen Modelle

Das Einfärben des noch unverarbeiteten Salzteiges ist einfacher als das nachträgliche Bemalen der gebackenen Werkstücke. Bei den Modellen in diesem Band wurden Acryl-Mattfarben von Kreul verwendet. Verkneten Sie die benötigte Menge des naturfarbenen Salzteigs gut mit der gewünschten Acryl-Farbe. Wenn Sie die Acryl-Mattfarben vorher mischen, erhalten Sie zusätzliche Farbtöne. Nach dem Backen können Sie mit einem Haarpinsel noch zusätzliche Farbeffekte auf die Modelle auftragen.

Das Trocknen, Backen und Lackieren

Sind die Salzteigobjekte modelliert, sollten sie etwa 12 Stunden trocknen. Danach werden sie bei höchstens 100 Grad je nach Größe 1 bis 3 Stunden gebacken. Nach dem Auskühlen müssen die Objekte rundherum gut lackiert werden. Am besten verwenden Sie Bootslack (Fachgeschäft), der besonders schön glänzt und haltbar ist. Sie können aber auch einen anderen nicht wasserlöslichen, hochglänzenden Klarlack verwenden.

Das Formen der Rosenblüten

Aus einem ca. 2 mm dicken und 1,5 breiten und 4 cm langen Salzteigstreifen eine Schnecke drehen. Das ergibt das „Rosenherz", das aus einem etwas dunkleren Rosaton geformt werden kann. Um diesen Mittelpunkt der Blüte sechs bis sieben hellrosa Blütenblättchen auf Lücke setzen. Beim Formen der Blätter zunächst Kügelchen drehen und diese dann zu Kreisen flachdrücken. Die Blätter sollen ca. 0,2 cm dick sein und einen Durchmesser von 1,5 bis 2,0 cm haben. Zum Schluß die Blütenblätter leicht nach außen biegen.

Das Formen der Blätter

Eine eiförmige Form von etwa 2 cm Länge modellieren. Dieses „Ei" flachdrücken und eine Spitze formen. Mit einer Stricknadel oder einem Zahnstocher zuerst eine Längsnaht und dann an beiden Seiten die Blattadern eindrücken.

Tips und Hinweise

Am besten modellieren Sie die Salzteigobjekte immer direkt auf einem mit Backpapier belegten Blech. Angesetzte Teile sollten Sie mit etwas Wasser festkleben.
Bei mehreren Werkstücken in diesem Buch werden kleine Blätter und Blüten modelliert. Die nebenstehenden Arbeitsschritte erklären das Formen der Blüten und Blätter.

Material

- ausgeblasene, braune Eier
- naturfarbener Salzteig
- Gewürznelken
- Wacholderbeeren
- weiße Pfeffer-körner
- Kürbiskerne
- rotes Schleifen-band (0,5 cm breit)
- Perlonfaden
- Zahnstocher zum Aufhängen
- Klarlack

Hilfsmittel

- Ausstechformen: Herz-Form mit 3 cm ∅ und Sternchen-Form mit 6 und 4 cm ∅
- Borstenpinsel
- Eierbecher aus Glas oder Porzel-lan
- Nudelholz
- dicke Stricknadel

Ostereier

❶ In das breite Ende der Eier ein Loch mit etwa 1 cm Durchmesser brechen und den Inhalt ausschütten. Bei dieser Methode müssen keine zwei Löcher in das Ei gestochen werden; das große Loch wird später durch die Salzteigverzierungen verdeckt.

❷ Die Eier mit dem Loch nach oben in einen Eierbecher stellen und der Abbildung entsprechend mit den ausgestochenen und gerollten Salzteigformen verzieren. Auf das Loch entweder einen Kreis von 2 cm Durchmesser legen oder zwei unterschiedlich große Sterne aufeinanderkleben. Mit einer dicken Stricknadel ein Loch durch den Salzteig bis in das Innere des Eies stechen; dieses Loch dient später zur Aufhängung des Eies.

❸ Die Eier der Abbildung entsprechend mit den Gewürzen dekorieren.

❹ Die Eier im Eierbecher stehend in den Backofen schieben und backen.

❺ Für die Aufhängung des Eies ein Stückchen Zahnstocher, an dem der Perlonfaden befestigt ist, in das Loch des Eies schieben. Das Ei lackieren. Jeweils eine kleine rote Schleife anbringen.

Schmuck

Kette und Ohrringe mit Äpfeln

❶ Den Salzteig in Rot, Gelb und Grün färben. Aus zwei Drittel rotem und einem Drittel gelbem Salzteig kleine Äpfel drehen, die einen Durchmesser von ca. 2 cm haben.

❷ In jeden Apfel oben jeweils eine Büroklammer für die Aufhängung und unten eine Gewürznelke eindrücken. Für den Ohrring den Ohrringhalter verwenden.

❸ Grüne Blätter formen (siehe Seite 5) und mit Löchern versehen.

❹ Alle Teile trocknen lassen, backen und lackieren. Danach auf eine Paketschnur fädeln und jedes Teil mit einem Knoten fixieren.

Kette in Gelb und Braun

❶ Salzteig in Gelb und Braun färben. Für die Blümchen aus braunem Salzteig Kugeln mit 1 cm Durchmesser formen und etwas flachdrücken.

❷ Um diese flachgedrückten Scheiben etwa zehn gelbe Kügelchen mit Wasser ankleben.

❸ Mit einer dünnen Stricknadel ein Loch zum Auffädeln stechen.

❹ Die braunen und gelben Perlen mit einem Durchmesser von ca. 1 cm formen. Alle Teile trocknen, backen und lackieren und anschließend auf einem Perlonfaden auffädeln.

Bunte Kette

❶ Salzteig in Gelb, Braun, Rot, Grün, Gelbgrün, Türkis und Orange färben.

❷ Aus jeweils zwei bis drei verschiedenen Farben marmorierte Scheiben und Perlen herstellen. Dazu den Salzteig so lange zwischen den Handflächen rollen, bis die gewünschte Marmorierung entstanden ist. Die Scheiben aus flachgedrückten Kugeln formen. In jede Kugel und jede Scheibe mit einer dicken Stricknadel ein Loch stechen.

❸ Alle Formen trocknen, backen und lackieren. Danach alle Scheiben und Perlen auf ein Lederband fädeln.

Material

- **Salzteig in Gelb, Braun, Rot, Grün, Gelbgrün, Türkis und Orange**
- **Perlonfaden**
- **Paketschnur**
- **Lederband**
- **Büroklammern**
- **2 Ohrringhalter**
- **Gewürznelken**
- **Klarlack**

Hilfsmittel

- **dicke und dünne Stricknadeln**
- **Zahnstocher**

Naturfarbenes Schweinchen

Material
- **Naturfarbener Salzteig**
- **Klarlack**
- **Büroklammer**

Hilfsmittel
- **Nudelholz**
- **Messer**
- **Fingerhut**
- **Borstenpinsel**

1 Den Salzteig ausrollen, bis er ca. 0,8 cm dick ist.

2 Für den Körper einen Kreis von 11 cm Durchmesser ausschneiden. Zwei Kreise von 6,5 cm Durchmesser ausschneiden und als Ohren auf den Körper kleben. Mit dem Fingerhut zwei kleine Kreise ausstechen und als Augen auf die Ohren kleben.

3 Für den Rüssel einen 5,5 cm großen Kreis ausstechen, mit dem Fingerhut zwei Nasenlöcher eindrücken und den Rüssel auf den Körper kleben. Zwei Beine ausschneiden, das Ringelschwänzchen formen und alle Teile mit Wasser ankleben.

4 Eine Büroklammer als Aufhängung in den Kopf drücken. Das Salzteigschwein trocknen lassen, backen und lackieren.

Rosa Glücksschwein

❶ Rosa Salzteig auf etwa 0,5 cm ausrollen. Drei Kreise mit einem Durchmesser von 4, 8 und 10 cm mit dem Messer ausschneiden oder mit passenden Gläsern ausstechen. In den Schweinerüssel mit der Stricknadel zwei Löcher stechen.

❷ Ohren und Beine aus der rosa Teigplatte schneiden und ein etwa 5 cm langes Ringelschwänzchen rollen. Die Grundform der Ohren ist blattförmig.

❸ Die drei Kreise der Abbildung entsprechend übereinander legen. Die Ohren nach vorn umklappen und unter den Kopf kleben. Die Beine unter den Bauch und das Schwänzchen rechts an den Körper kleben.

❹ Aus vier grünen Herzen ein Kleeblatt formen. Den Stengel des Kleeblatts unter den Rüssel stecken. Als Augen zwei kleine, blaue Teigkugeln formen, mit jeweils einer Gewürznelke als Pupille versehen und aufkleben. Eine Büroklammer als Aufhänger oben in den Schweinekopf drücken. Das Schwein trocknen lassen, backen und lackieren. Danach eine rote Schleife anbringen.

Material
- Salzteig in Rosa, Grün und Blau
- 2 Gewürznelken
- 1 Büroklammer
- Klarlack
- 15 cm rotes Schleifenband (0,5 cm breit)

Hilfsmittel
- Nudelholz
- Messer
- dicke Stricknadel
- Borstenpinsel
- 3 Gläser mit 10, 8 und 4 cm ∅

Serviettenringe und Kerzenhalter

Material

- **Salzteig in Natur, Hellgrün, Dunkelgrün, Rosa und Rot**
- **2 Papprollen (3 cm hoch und 4 cm ∅)**
- **Klarlack**

Hilfsmittel

- **Nudelholz**
- **Zahnstocher**
- **herzförmige Ausstechform**
- **Borstenpinsel**

❶ Um die Papprollen fünf naturfarbene Teigröllchen legen, die jeweils einen Durchmesser von 0,6 cm haben. Bei den Serviettenringen befindet sich die Nahtstelle auf den Standflächen, bei dem Kerzenständer vorne unter der Verzierung.

❷ Drei Herzen aus 0,4 cm dickem roten Salzteig ausstechen und auf die Naht bzw. oben auf die Serviettenringe kleben.

❸ Unterschiedlich große hell- und dunkelgrüne Blättchen formen (siehe Seite 5) und um oder auf die Herzchen kleben. Die Rosenblüten aus rosa Salzteig formen und ebenfalls aufkleben.

❹ Alle Teile trocknen lassen, backen und lackieren.

Bilderrahmen

1 Aus grünem Salzteig einen etwa 1 cm dicken Ring mit 17 cm Durchmesser formen und etwas flachdrücken.

2 Viele hell- und dunkelgrüne Blätter formen (siehe Seite 5) und dicht auf den Ring setzen. Zehn bis zwölf unterschiedlich große Rosenblüten formen und hübsch auf dem Blätterkranz anordnen.

3 Hell- und dunkelblaue Kügelchen formen und als Trauben zwischen die Röschen kleben.

4 Den fertigen Bilderrahmen trocknen lassen, backen und lackieren.

5 Foto zuerst zur Verstärkung auf den Pappkreis und dann hinter den Rahmen kleben. Zum Schluß eine Aufhängeschlaufe anbringen

Material
- Salzteig in Hellgrün, Dunkelgrün, Hellrosa, Mittelrosa, Hellblau und Dunkelblau
- Klarlack
- Kreis aus Pappe (ca. 17 cm ∅)
- Klebstoff
- Schleifenband

Hilfsmittel
- Zahnstocher oder Stricknadel
- Borstenpinsel

Frühlingskranz

Material

- **Salzteig in Natur, Gelb, Orange, Violett, Blau und Grün**
- **Acryl-Mattfarben in Weiß, Braun und Orange**
- **Klarlack**
- **violettes Schleifenband**

Hilfsmittel

- **Nudelholz**
- **Zahnstocher**
- **Messer**
- **Haarpinsel zum Bemalen**
- **Borstenpinsel zum Lackieren**

❶ Aus zwei naturfarbenen Salzteigrollen, die jeweils einen Durchmesser von ca. 2 cm haben, einen Kranz drehen. Der Durchmesser bis zum äußeren Rand sollte etwa 20 cm betragen.

❷ Die Blätter und Blüten aus dem entsprechend eingefärbten Salzteig ausschneiden und formen; einige Formen sind in Originalgröße abgebildet (Herz = Primelblatt).

❸ Zuerst die Blätter, dann die Blüten auf die untere Hälfte des Kranzes kleben, so daß die „Nahtstelle" des Kranzes verdeckt ist. Blaue Kügelchen formen die Blüten der Traubenhyazinthen.

❹ Den Kranz gut trocknen lassen und danach backen.

❺ Nach dem Auskühlen den naturfarbenen Kranz mit stark verdünnter brauner Acryl-Mattfarbe bemalen. Mit einem Haarpinsel die Blütenblätter der Narzissen weiß anmalen, und in jedes gelbe Primelherz einen kleinen orangefarbenen Punkt setzen.

❻ Die Farbe gut trocknen lassen und den Kranz mit dem Borstenpinsel lackieren. Zum Schluß ein Schleifenband anbringen.

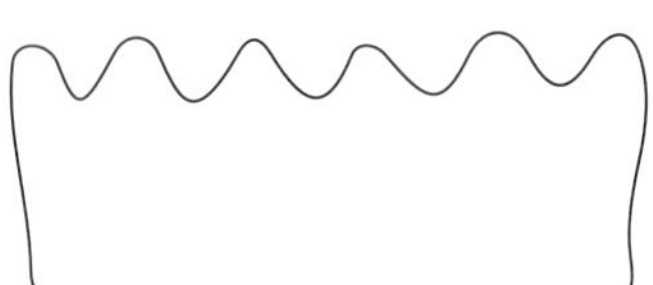

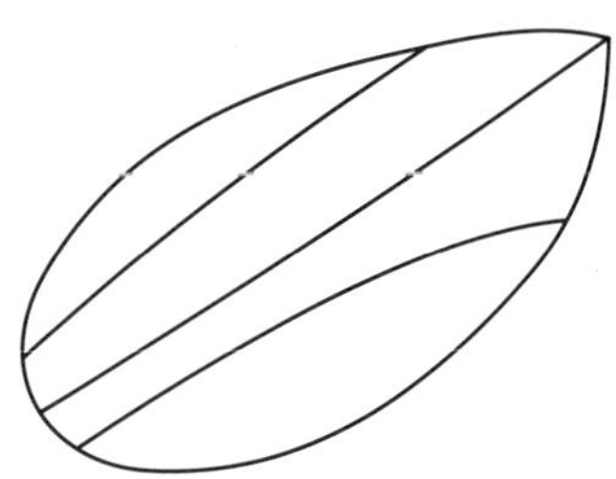

Material

- Salzteig in Natur, Grün, Gelb und Braun
- Acryl-Mattfarbe in Braun und Hellgrün
- rotes Schleifenband
- Klarlack

Hilfsmittel

- Nudelholz
- Zahnstocher
- Messer
- Haarpinsel
- Borstenpinsel

Sommerkranz mit Sonnenblume

❶ Aus zwei naturfarbenen Salzteigrollen mit jeweils ca. 2 cm Durchmesser einen Kranz drehen.

❷ Aus grünem Salzteig vier Blätter ausschneiden, auf den Trägerkranz kleben und die Blattadern mit dem Zahnstocher eindrücken. Drei Stiele aus Teigröllchen formen und parallel auf das große Blatt kleben.

❸ Einen braunen Kreis mit 4 cm Durchmesser formen. Um den Kreis zwei Kränze gelber Blütenblätter versetzt übereinanderkleben. Die Linien vor dem Aufkleben in die Blütenblätter einritzen.

❹ Den braunen Mittelpunkt der Blüte mit kleinen, braunen Kügelchen dicht belegen. Die Knospe modellieren und aufkleben. Der Stengelansatz der Knospe und zwei Blätter sind in Originalgröße abgebildet.

❺ Den Kranz gut trocknen lassen und backen.

❻ Mit dem Haarpinsel mit hellgrüner Acryl-Mattfarbe Effekte auf die Blätter setzen. Den naturfarbenen Kranz mit stark verdünnter brauner Acryl-Mattfarbe lasieren.

❼ Den Kranz lackieren und ein Schleifenband anbringen.

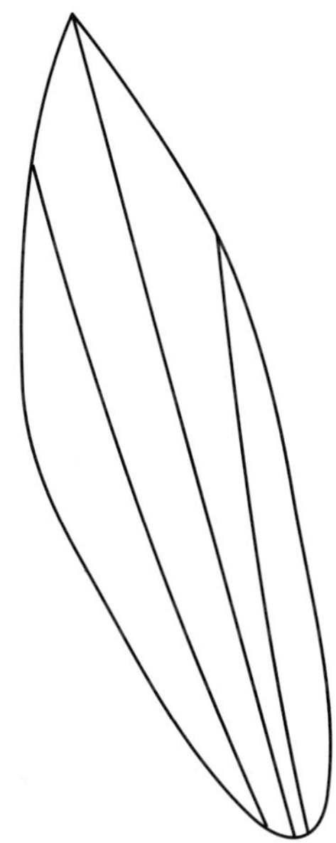

Herbstkranz mit Trauben

1. Aus zwei naturfarbenen Salzteigrollen, die jeweils einen Durchmesser von ca. 2 cm haben, einen Kranz drehen.

2. Die Weinblätter aus dem entsprechend eingefärbten Salzteig ausschneiden; ein Blatt ist in Originalgröße abgebildet. Die Blätter auf den Kranz kleben und die Linien auf den Blättern einritzen.

3. Hellgrüne Kugeln mit einem Durchmesser von 1,5 cm drehen und daraus einen Traubenzweig formen. Mit dem rotvioletten Salzteig ebenso verfahren. Dünne, hellbraune Röllchen drehen, zu Spiralen formen und als kleine Weinäste dekorativ befestigen.

4. Den Kranz gut trocknen lassen und backen.

5. Auf alle Weinblätter mit einem Haarpinsel hellgrüne Effekte auftragen. Die hellbraunen Blätter zusätzlich mit dunkelbrauner Farbe betupfen. Den naturfarbenen Kranz mit stark verdünnter brauner Acryl-Mattfarbe lasieren. Gut trocknen lassen, lackieren und zum Schluß ein Schleifenband anbringen.

Material

- Salzteig in Natur, Hellgrün, Mittelgrün, Rotviolett und Hellbraun
- Klarlack
- Acryl-Mattfarbe in Hellgrün und Dunkelbraun
- grünes Schleifenband

Hilfsmittel

- Nudelholz
- Zahnstocher
- Messer
- Haarpinsel zum Bemalen
- Borstenpinsel zum Lackieren

Material

- Salzteig in Natur, Karminrot, Grün und Gelbgrün
- Acryl-Mattfarbe in Gelb und Hellgrün
- Klarlack
- grünes Schleifenband

Hilfsmittel

- Nudelholz
- Zahnstocher
- Messer
- Haarpinsel zum Bemalen
- Borstenpinsel zum Lackieren

Winterkranz mit Weihnachtssternen

❶ Aus zwei naturfarbenen Salzteigrollen, die jeweils einen Durchmesser von ca. 2 cm haben, einen Kranz drehen.

❷ Die Blätter aus grünem Salzteig ausschneiden, auf den Kranz kleben und die Linien auf dem Blatt mit dem Zahnstocher eindrücken. Einige Blätter sind in Originalgröße abgebildet.

❸ Unterschiedlich große rote Blütenblätter ausschneiden und zu drei Weihnachtsstern-Blüten zusammensetzen. In jede Blütenmitte gelbgrüne Kugeln kleben.

❹ Den Kranz gut trocknen lassen und backen.

❺ Auf jede gelbgrüne Kugel mit dem Haarpinsel einen gelben Punkt tupfen. Die grünen Blätter mit hellgrünen Farbeffekten versehen. Den Kranz lackieren. Gut trocknen lassen und ein grünes Aufhängeband anbringen.

Zwei Gewürzbäume

Material

- naturfarbener Salzteig
- Gewürznelken
- Klarlack

Hilfsmittel

- Nudelholz
- Zahnstocher
- Messer
- Borstenpinsel

Apfelbaum

❶ Aus 0,5 cm dick ausgerolltem Salzteig eine Scheibe mit einem Durchmesser von 16 cm ausschneiden. Aus einer leicht flachgedrückten Rolle einen ca. 16 cm langen Stamm formen, der oben ca. 3 cm und an den Wurzeln 6 cm breit ist. Mit einem Zahnstocher die Längsrillen eindrücken.

❷ Die Scheibe von außen nach innen mit 4 cm langen Blättern (siehe Seite 5) besetzen. Dabei die Blätter auf Lücke setzen.

❸ Kleine Kugel mit einem Durchmesser von 2 cm als Äpfel formen, ankleben und mit jeweils einer Gewürznelke verzieren. Ein Loch zum Aufhängen bohren. Den Baum gut trocknen lassen, backen und lackieren.

Baum mit Phantasiefrüchten

❶ Aus 0,5 cm dick ausgerolltem Salzteig ein Oval von etwa 17 cm x 13 cm ausschneiden.

❷ Einen 14 cm langen Stamm modellieren und an das Oval kleben. Die Linien in den Stamm ritzen.

❸ Die Baumkrone mit ausgestochenen Sternen, Herzen, unterschiedlich großen Teigkügelchen und spaghettidünnen Röllchen belegen. Dabei die Herzen mit der Spitze nach außen wie Blätter ankleben. Mit dem Zahnstocher eine Längsrippe in jedes Herz drücken. Die Baumkrone hübsch mit den verschiedenen Gewürzen verzieren. Ein Loch zum Aufhängen stechen.

❹ Den Baum gut trocknen lassen, backen und lackieren.

Material

- **naturfarbener Salzteig**
- **weiße Pfefferkörner**
- **Kürbiskerne**
- **Kümmel**
- **Gewürznelken**
- **Klarlack**
- **Band zum Aufhängen**

Hilfsmittel

- **Nudelholz**
- **Ausstechformen (Herz: 3 cm ∅ Stern: 3,5 cm ∅)**
- **Messer**
- **Borstenpinsel**
- **Zahnstocher**

Mobile mit Mond und Engel

Material

- **Salzteig in Gelb, Blau, Natur, Hellgrün, Rosa und Braun**
- **60 cm dünne Goldkordel**

Hilfsmittel

- **Zahnstocher**
- **Nudelholz**
- **3 Ausstecher in Sternform mit 3, 4 und 5 cm ∅**
- **Messer**
- **Zirkel**

❶ Aus blauem Salzteig einen 0,5 cm dicken Kreis von 10 cm Durchmesser formen.

❷ Den gelben Mond und den kleinen Stern aus etwa 0,3 cm dickem Teig ausschneiden und auf den blauen Kreis kleben. Mit dem Zahnstocher oben und unten ein Loch bohren.

❸ Die drei gelben Sterne ausstechen und mit den nötigen Löchern versehen. Die einzelnen Teile für das Engelchen formen, zusammensetzen und mit dem Zahnstocher verzieren. Die fertige Figur aufkleben.

❹ Alle Teile gut trocknen lassen, backen und lackieren. Mit einer Goldkordel die einzelnen Teile verbinden.

Sternmobile

❶ Den türkisfarbenen Salzteig etwa 0,5 cm dick ausrollen und jeweils einen Bogenkreis mit 9 cm Durchmesser und mit 6 cm Durchmesser ausstechen. Den kleinen Kreis auf den großen legen und leicht andrücken. In jeden Bogen des großen Kreises mit einem Zahnstocher ein Loch stechen.

❷ Den blauen Salzteig etwa 0,5 cm dick ausrollen und vier Sterne mit einem Durchmesser von 3,5 und vier Sterne mit einem Durchmesser von 6 cm ausstechen. Die großen Sterne in der Mitte zusätzlich mit der kleinsten Form mit einem Durchmesser von 2 cm ausstechen. Die vier kompakten Sterne bekommen jeweils ein Zahnstocherloch für die Silberkordel. Alle Teile gut trocknen lassen, backen und von allen Seiten lackieren.

❹ Abwechselnd die großen und die kleinen Sterne an die acht Bögen hängen. Die großen Sterne hängen etwa 24 cm herunter. Die kleinen Sterne hängen etwa 9 cm herunter. Die Kordel der kleinen Sterne bildet gleichzeitig den oberen Aufhänger des Mobiles (ca. 22 cm lang).

Material

- **Salzteig in Blau und Türkis**
- **260 cm Silberkordel**
- **Klarlack**

Hilfsmittel

- **Ausstechformen: Stern-Formen mit 6, 3,5 und 2 cm ∅; 2 Bogenkreise mit jeweils 8 Bögen mit 9 und 6 cm ∅**
- **Zahnstocher**
- **Nudelholz**
- **Borstenpinsel**

Geschenk-anhänger

Material

- **Salzteig in Braun, Rot, Hellgrün, Dunkelgrün, Gelb, Natur, Hellblau, Dunkelblau, Orange und Rosa**
- **Klarlack**
- **Schleifenband (0,5 cm breit)**

1. Die Grundfläche aus 0,5 cm dickem Salzteig (in Rot, Grün oder Braun) ausstechen.

2. Die einzelnen Teile der Figuren der Abbildung entsprechend modellieren und aufkleben.

3. Mit einem Zahnstocher die Verzierungen (Augen, Bart usw.) eindrücken.

4. Aus dünnen Teigröllchen die Buchstaben formen.

5. In jeden Anhänger ein nicht zu kleines Loch zum Aufhängen bohren.

6. Alle Teile gut trocknen lassen, backen und lackieren.

Hilfsmittel

- Nudelholz
- Ausstechformen: Herz 7 und 3 cm ∅ und Bogenkreis 9,0 cm ∅
- Zahnstocher
- Borstenpinsel

Christbaumschmuck

❶ Salzteig etwa 0,5 cm dick ausrollen und die gewünschten Formen ausstechen.

❷ Ausgestochene Formen der Abbildung entsprechend zusammenfügen und mit Gewürzen verzieren.

❸ Mit einem Zahnstocher Löcher zum Aufhängen stechen.

❹ Alle Teile gut trocknen lassen, backen und lackieren.

❺ Zum Schluß mit dem Geschenkband Aufhänger anbringen.

Material

- **naturfarbener Salzteig**
- **ganze Gewürznelken**
- **Pfefferkörner**
- **Wacholderbeeren**
- **Klarlack**
- **dünnes Geschenkband**

Hilfsmittel

- **Verschiedene Ausstechförmchen, z. B. Herzen, Sterne und Bogenkreise**
- **Nudelholz**
- **Zahnstocher**
- **Borstenpinsel**

Neben dieser Auswahl aus der Brunnen-Reihe haben wir noch viele andere Bücher im Programm. Wir informieren Sie gerne - fordern Sie einfach unsere neuen Prospekte an:

- **Bücher für Ihre Kinder:** Basteln, Spielen und Lernen mit Kindern
- **Bücher für Ihre Hobbys:** Stoff und Seidenmalerei, Malen und Zeichnen, Keramik, Floristik
- **Bücher zum textilen Handarbeiten:** Sticken, Häkeln und Patchwork

Wir sind für Sie da, wenn Sie Fragen zu AutorInnen, Anleitungen oder Materialien haben. Und wir interessieren uns für Ihre eigenen Ideen und Anregungen. Faxen, schreiben Sie oder rufen Sie uns an. Wir hören gerne von Ihnen! Ihr Christophorus-Verlag

CHRISTOPHORUS
Bücher mit Ideen

Hermann-Herder-Str. 4 / 79104 Freiburg i. Breisgau
Tel: 0761/2717-268 oder Fax: 0761/2717-35